Université de France.

ACADÉMIE DE STRASBOURG.

ACTE PUBLIC POUR LA LICENCE,

PRÉSENTÉ

A LA FACULTÉ DE DROIT DE STRASBOURG,

ET SOUTENU PUBLIQUEMENT

le samedi 17 août 1844, à midi,

PAR

M. A. E. FRIGNET,

D'AUTRY (ARDENNES),

LICENCIÉ ÈS SCIENCES.

STRASBOURG,

IMPRIMERIE DE G. SILBERMANN, PLACE SAINT-THOMAS, 3.

1844.

A MON PÈRE ET A MA MÈRE.

M. A. E. FRIGNET.

FACULTÉ DE DROIT DE STRASBOURG.

M. RAUTER, doyen.

M. THIERIET, président de la thèse.

Examinateurs. MM. THIERIET, AUBRY, SCHÜTZENBERGER, professeurs.
LAFONT, professeur suppléant provisoire.

La Faculté n'entend approuver ni désapprouver les opinions particulières au candidat.

DROIT CIVIL FRANÇAIS.

DE LA RECONNAISSANCE ET DE LA LÉGITIMATION DES ENFANTS NATURELS.

INTRODUCTION.

L'existence d'une société, comme les lois de son développement, sont des faits complexes et souvent d'un genre très-opposé. Cependant, au milieu des variations que le climat et la position politique nécessitent dans le gouvernement des peuples, un principe constant se manifeste, se formule presqu'en axiome. C'est que pour toute nation, le mariage est non-seulement une garantie de moralité, mais la cause la plus féconde d'une reproduction régulière du genre humain : rien ne tarit plutôt cette précieuse ressource que le concubinage même toléré par le législateur. C'est une vérité par delà les mers comme en deçà; c'est un axiome pour toutes les races. Le peuple, comme les gouvernements, trouvent dans de bonnes lois sur le mariage, un appui, une force nouvelle. « C'est une règle « tirée de la nature, que plus on diminue le nombre des mariages « qui pourraient se faire, plus on corrompt ceux qui sont faits : « moins il y a de gens mariés, moins il y a de fidélité dans le mariage[1]. »

[1] Montesquieu, *Esprit des lois*. L. 5, c. 21.

Et si malgré les prohibitions de la loi, il se trouvait encore des enfants nés hors des liens matrimoniaux, il était de la politique du législateur de les faire rentrer dans l'ordre légal, en provoquant l'intervention des sentiments paternels. Telle fut l'origine de la légitimation et de la reconnaissance des enfants naturels. Elles donnaient en effet des citoyens à l'Etat, simplifiaient, égalisaient les classes sociales et conservaient au mariage son prestige, ses priviléges.

Les climats ont cependant modifié beaucoup l'époque où ces idées ont pu prévaloir. Les Hébreux et les peuples de l'Orient différenciaient peu les enfants vraiment légitimes des enfants naturels issus de concubines. Et même chez les Egyptiens et les Israélites la polygamie était une coutume si répandue que les véritables épouses se réjouissaient autant de la naissance de l'enfant d'une concubine que s'il fût sorti de leur sein. Chose étonnante, Mahomet, d'ailleurs si sage, si puissant, ne crut pas pouvoir lutter contre une coutume aussi fortement établie. C'est à peine s'il osa restreindre à quatre le nombre des femmes légitimes.

On croit, à une époque fort vague sans doute, la voir traverser la mer pour s'établir en Grèce avec des fugitifs Égyptiens. Cependant, si d'anciens documents semblent indiquer ce fait et constater l'existence de la polygamie chez les Grecs, au moins ce peuple éclairé ne négligea-t-il rien pour réduire par de bonnes lois des excès si préjudiciables à la reproduction humaine. Les Romains, en prenant à la Grèce la plupart de ses dispositions légales, joignirent à l'horreur qu'ils avaient déjà de la polygamie l'aversion des Grecs pour le concubinage. Et de là est sortie sur cette matière la législation la plus sage, la plus politique qui fût jamais. Accorder au mariage des priviléges, une sanction religieuse; procurer à l'État des citoyens capables de le bien servir, sans léser cependant les droits des enfants et des parents, tel est le but que le législateur s'est proposé, tel est le but qu'il a su atteindre malgré les embarras qui ont entravé sa marche. Mais alors les théories creuses d'une philosophie sans grandeur et sans énergie n'étaient pas venues gêner, je dirais presque troubler l'ordre social, en voulant tout ramener aux premiers temps de l'ère historique. Sous Justinien, en effet, et déjà sous les empereurs qui l'avaient précédé, nous trouvons exprimé en mille endroits ce système singulier d'une philosophie primitive à l'usage de l'homme primitif, au milieu de forêts vierges et de champs incultes.

Pendant que la législation romaine régnait en Orient seule et sans conteste, les lois de l'Occident subissaient, à l'égard des enfants naturels, une double influence. Les coutumes barbares, en effet, et le droit canonique qui préludait déjà à l'immense extension qu'il a prise depuis, se montraient également sévères et rigoureux à l'égard du concubinage et des enfants illégitimes. Anéantir le concubinage était une œuvre difficile, peut-être impossible, qui, même dans les circonstances les plus favorables, demandait une grande adresse politique. L'ignorance et la barbarie de l'époque en furent la cause, sans doute, mais on se montra peu judicieux dans le choix des moyens. Et à force de dureté, tranchons le mot, de barbarie, on compromit doublement la société en voulant châtier le père et l'enfant. L'enfant, la loi lui refusait toute demande d'aliments; le père, la loi plus imprévoyante encore, mettait son honneur à la merci de l'impudence d'une fille, souvent éhontée, que poussait la vengeance, le dépit et plus souvent encore l'appât du gain et l'avidité. Le mal causé par le principe du président Faber est incalculable. Tandis qu'à Sparte on se découvrait devant une femme enceinte, en France on était réduit à fuir une fille dans une semblable position. Ces abus, trop bien sentis, on chercha à les faire disparaître en refusant toute action à la recherche de la paternité. Le Code, cependant, eut à trouver un moyen terme entre la rigueur de l'ancien régime, et la facilité, l'indulgence de la République; il sut se maintenir dans une ligne de conduite prudente et sage, ménageant les intérêts des enfants sans leur sacrifier le repos et l'honneur des citoyens.

DE LA RECONNAISSANCE DES ENFANTS NATURELS.

DÉFINITION.

La reconnaissance d'un enfant naturel est l'acte par lequel un homme ou une femme reconnait qu'il est le père ou qu'elle est la mère de cet enfant procréé hors mariage, sans inceste ou adultère[1] (art. 335).

A côté de cette reconnaissance volontaire la loi admet dans certains cas qu'elle a limités, une reconnaissance forcée, résultant d'un jugement (art. 340 et 341).

En général, ces deux espèces de reconnaissances quoique issues de sources différentes, produisent les mêmes effets. Ainsi, dans les deux cas, la reconnaissance peut être séparée, et n'engager que l'un ou l'autre des père et mère. Toutes deux ne sont profitables qu'aux enfants naturels proprement dits, sans pouvoir être utiles aux fruits de l'inceste et de l'adultère[2].

Cette analogie des deux reconnaissances, la crainte des redites, les difficultés qui en seraient la suite, nous ont déterminé à ne pas scinder notre travail par une division inutile, d'autant que le législateur ne l'a pas consacrée dans ses Codes; et que la plupart des dispositions légales sont communes à ces deux reconnaissances. Si dans le cours de cette dissertation quelque texte législatif ou quelque question juridique se rapportait plutôt à la reconnaissance forcée qu'à la reconnaisance volontaire, nous nous empresserions de les signaler, et de faire entre elles une distinction aussi précise que possible.

[1] MM. Aubry et Rau sur Zachariæ, p. 58.

[2] Chabot, *Succ.*, art. 756. Duranton, III, 255. C. r. Paris, 27 juin 1812. Sir., XIII, 2, 280.

A QUI APPARTIENT-IL DE RECONNAITRE UN ENFANT NATUREL.

La reconnaissance d'un enfant naturel ne peut émaner que du père, de la mère ou de ces deux personnes réunies (arg. art. 336). Comme tout acte juridique, la reconnaissance suppose le père ou la mère capables de volonté : car elle est une des manifestations de cette faculté. La loi, de son côté, n'a pas fait acception de l'âge pour permettre ou prohiber la reconnaissance. La conséquence de ces deux principes est donc évidente. Les mineurs aussi bien que les majeurs peuvent reconnaître un enfant naturel.

Aux yeux de la loi, le mineur ne fait qu'exercer un droit sacré, dont ne peuvent être privés ceux qui jouissent des droits civils, d'autant plus que l'art. 339 garantit suffisamment le mineur contre la captation, la surprise ou l'inexpérience : car toute reconnaissance pourra être contestée par ceux qui y ont intérêt. Cette interprétation découle des principes et résulte du silence de la loi. Elle a été appuyée par la jurisprudence constante de la cour de cassation[1]. A deux époques différentes et sur des motifs que nous considérons comme très-justes, la cour a jugé qu'un mineur pouvait valablement reconnaître un enfant naturel. L'art. 334, en effet, ne distingue pas entre les mineurs et les majeurs pour n'admettre la reconnaissance que dans le cas de majorité du père; puis les inconvénients qui pourraient résulter de la faiblesse, de l'inexpérience du mineur, sont suffisamment prévenus par l'art. 339; 3° enfin, l'art. 1310 dénie toute restitution au mineur pour les obligations qui résultent d'un délit ou d'un quasi-délit : le mineur n'est donc pas restituable contre un aveu qui ne fait que réparer une faute ou un quasi-délit. Voilà les considérations sur lesquelles la cour s'est appuyée dans les deux arrêts du 13 juin 1813 et 4 novembre 1835, motifs qui ont été adoptés par des cours

[1] Arrêt du 22 juin 1813. — 4 novembre 1835. Sir., XII, 35; 1, 785.

royales[1], et par nombre d'auteurs qui ont tous reconnu que le mineur émancipé ou non émancipé, pouvait valablement reconnaître un enfant naturel.

Nous sera-t-il permis d'ajouter à ces raisonnements quelques considérations tirées d'un autre ordre d'idées.

Et pour corroborer l'argumentation de la cour de cassation, nous allèguerons, avec des auteurs bien connus, que les art. 1124 et 1305 parlent sans doute des contrats et des conventions; mais que le mineur est restituable contre tout acte juridique qu'il aurait personnellement passé, et dont serait résulté quelque lésion. L'esprit de la loi est clair, évident. Or, le mineur est lésé en se privant de l'exception péremptoire qu'il pourrait opposer à la recherche de paternité; il est lésé bien plus encore en s'imposant les obligations qui sont résultés de la reconnaissance de l'enfant. Mais l'art. 1310, dira-t-on, dénie toute restitution au mineur qui acquitte les obligations nées d'un délit ou d'un quasi-délit. L'objection n'est pas sérieuse. Car jamais la loi n'a considéré la procréation des enfants naturels comme un délit véritablement qualifié. Et s'il existait dans cette circonstance quelque délit ou quasi-délit, l'art. 1382, n'obligerait-il pas le mineur à le réparer? Observera-t-on que le mineur acquitte une obligation naturelle? Cette objection tombe à la seule réflexion que le mineur est restituable pour des obligations civiles, et qu'il doit l'être *à fortiori* pour des obligations naturelles.

On voit donc que d'un autre ordre d'idées on peut encore tirer les motifs d'une décision fondée en droit et juste en raison. Nous ne croyons pouvoir mieux exprimer notre opinion, qu'en résumant l'excellente argumentation de MM. Aubry et Rau, raisonnement auquel nous nous associons sans restriction. La loi accorde au père ou

[1] Proudhon, II, 116. Merlin, *Quest.*, v° Paternité, § 2. Loiseau, p. 483. Delvincourt, I, 538. Bruxelles, 4 févr. 1811. Rouen, 10 mars 1815. Douai, 17 mars 1840.

à la mère le droit de reconnaître un enfant naturel (art. 334, 335); c'est là un droit sacré qui prend sa source dans un devoir moral non moins respectable. Ce droit, le mineur peut et doit l'exercer. Aucune disposition législative ne le prive de ses droits civils; et si la loi en restreint l'exercice, c'est dans un but favorable au mineur. Dans cette vue, elle lui donne un tuteur chargé de le diriger, et d'éviter les mauvais effets de la jeunesse et de l'inexpérience. Ce tuteur, chargé d'un mandat qu'il ne peut outrepasser, n'a pas reçu de pouvoir pour autoriser son pupille à reconnaître un enfant naturel. Celui-ci pourra donc faire cette reconnaissance sans le secours de son tuteur. Elle émanera de lui seul, elle sera valable au même titre que celle qui émanerait d'une personne majeure : elle ne saurait donc être attaquée par voie de nullité ou de rescision.

On croirait puéril d'ajouter que le mineur ne peut reconnaître d'enfant naturel avant d'être capable d'engendrer[1]. Cette réflexion banale soulève cependant une question de temps fort importante. Il faut, pour le mineur, être arrivé à l'âge de la puberté. Mais rien de plus variable que cette époque dans les individus. Le climat, la nourriture, le tempérament, une foule de circonstances extérieures en avancent ou en retardent l'arrivée. Au milieu de cette fluctuation incessante, les dispositions légales ne sauraient prendre de stabilité sans s'arrêter à un âge fixe, commun pour tous, et qui soit jugé une moyenne entre les développements extrêmes. Cet âge, la loi l'a fixé à dix-huit ans pour les hommes, à quinze pour les femmes, dans le titre du mariage (art. 144). Nous croyons que ces dispositions peuvent, sans aucune difficulté, s'étendre à l'âge requis au mineur pour l'acte de reconnaissance.

[1] L'âge et l'expérience du mineur semblent le soustraire aux conséquences de l'art. 348. Cependant comme l'existence et la preuve de ces délits reposent sur le caractère du mineur comme sur les circonstances de l'action, c'est au juge qu'est laissée avec l'appréciation de sa culpabilité, la faculté de déclarer le mineur père de l'enfant naturel, fruit du viol ou de l'enlèvement.

Cet acte de reconnaissance suppose l'usage des droits civils. Un mort civilement ne peut donc reconnaître d'enfant naturel. Toutefois une distinction est ici nécessitée par une saine entente des art. 25 et 26 du Code civil, qui tracent nettement la démarcation entre le condamné après jugement contradictoire, et celui par contumace. Il est évident que les premiers, irrévocablement privés des droits civils, ne pouvant faire d'actes de l'état civil, ne peuvent aussi faire aucun acte de reconnaissance. Les condamnés par contumace, au contraire, peuvent, tant qu'ils se trouvent dans le délai légal *édicté* par l'art. 27, reconnaître un enfant naturel, conçu dans ce délai, sa naissance fût-elle postérieure à sa condamnation définitive (arg. art 26).

Au nombre des principes les plus importants de cette matière, il faut placer celui qui déclare la reconnaissance un acte personnel au père ou à la mère dont elle émane. Il est essentiel de mettre en relief cette disposition de l'art. 336, parce que combinée avec les art. 340-341, elle produit des conséquences fort remarquables. Un enfant peut ainsi être reconnu par son père seul, ou seulement par sa mère, lorsque l'un ou l'autre se cachera pour repousser la paternité qu'on voudrait lui attribuer. L'art. 336, qui consacre ce principe, n'avait pas été rédigé de prime abord dans la teneur qu'il porte aujourd'hui. Le conseil d'État avait arrêté que la reconnaissance du père, désavouée par la mère, serait nulle. Cependant après plusieurs difficultés proposées par MM. Portalis, Bigot Préameneu, Berlier et Eymerie, et une objection grave soulevée par M. Tronchet, M. Cambacérès fit observer, qu'en permettant au père de reconnaître un enfant sans désigner la mère, on écarterait tout danger en se rendant aux vœux si louables de l'amour paternel. Cette solution fut adoptée. L'esprit et la teneur de l'art 336 furent donc changés, et prirent la forme qu'ils ont conservée aujourd'hui.

Cependant le père peut, dans l'acte de reconnaissance de son enfant et sous sa responsabilité, en déclarer la mère. Il peut fournir la preuve de son allégation conformément à l'art. 342. Jusqu'à cet instant, ses déclarations n'ont, aux yeux de la loi, que l'effet d'un commencement de preuves par écrit. Une semblable déclaration est interdite à la mère. Bien plus, l'officier public, en présence des prohibitions si formelles de la loi, devrait se refuser à recevoir même la plus légère indication (arg. art. 340). Cependant la mention du père, quoique nulle en elle-même, n'invaliderait pas la reconnaissance et n'entraverait pas les conséquences de cet acte à l'égard de la mère.

Que de plaintes n'a-t-on pas élevé sur le système adopté par la loi à l'égard des enfants naturels! Cette reconnaissance dont on semble leur faire l'aumône, n'est qu'une demi-miséricorde; c'est leur tendre un instant la main, pour les abandonner dans une condition toute aussi mauvaise que celle de laquelle on voulait les retirer. Pour eux, point de famille, point d'espoir de relever un nom flétri à jamais par la honte de leur origine. L'enfant naturel se hasarde-t-il à invoquer le nom de son père, c'est pour lui demander des aliments dont la prestation l'humilie encore.

Sans nous associer à ces réclamations trop exagérées, selon nous, nous regretterons seulement que, dans un État réglé, il existe des êtres envers lesquels les lois doivent exercer des rigueurs nécessaires.

Les enfants naturels proprement dits peuvent seuls être reconnus : pour les enfants incestueux ou adultérins, la loi les repousse, et ne leur accorde des aliments que dans des circonstances qu'elle a limitées (art. 335).

Le principe posé, on voit surgir aussitôt des difficultés souvent débattues et presque toujours résolues en sens contraire. Cette diversité d'avis tient surtout à la définition que l'on donne des enfants adultérins. L'enfant adultérin est celui qui est issu du commerce d'un homme marié avec une femme non mariée, de deux personnes mariées, ou d'une femme mariée avec un homme libre des liens du mariage. L'enfant incestueux est issu de deux personnes qui, parentes à un degré prohibé par la loi, ne pouvaient contracter mariage, ou ne le pouvaient qu'avec dispense.

D'après ce principe, on doit décider que l'enfant naturel du prêtre n'étant ni adultérin, ni incestueux, dans le sens que la loi y attache, aucune disposition légale n'empêche l'ecclésiastique de le reconnaître.

D'autre part on voit que la reconnaissance d'un enfant incestueux est nulle : et que, si elle avait été reçue par un officier public, outre qu'elle ne produirait aucun effet, elle ne pourrait encore être invoquée ni pour ni contre l'enfant.

La dérogation que l'art. 762 semble former à ce principe a été l'objet des plus vives controverses. L'embarras est grand de choisir au milieu de systèmes si divers, appuyés tous sur des preuves plus ou moins concluantes. Voici cependant l'opinion à laquelle nous croyons devoir nous ranger. L'art. 335 prohibe, en termes généraux, la reconnaissance des enfants incestueux et adultérins ; mais si, par la force des choses, le désaveu du mari, et généralement par l'effet des jugements dans une foule de circonstances que l'on ne peut ni prévoir ni énumérer, la preuve de la filiation adultérine était acquise en justice, appuyé de cette preuve, l'enfant pourrait, ce nous semble, demander avec succès l'application de l'art. 762, et exiger de ses parents les aliments que cet article lui accorde[1].

Mais ce système est loin d'avoir réuni tous les suffrages. Les partisans de l'opinion contraire assurent que le but unique de l'art. 335 a été de refuser aux enfants adultérins et incestueux les droits de famille attachés à la reconnaissance des enfants naturels. De sorte qu'un acte de reconnaissance fait en contravention de l'art. 335 n'en

[1] Duranton, III, 195—209 ; VI, 351. Delvincourt, 1re partie, 234—235. Loiseau, 752, 754. Chabot, *Succ.*, art. 762. C. r. Paris, 16 août 1822. C. cass. rejet., 28 septembre 1815. Rouen, 6 juillet 1820.

constaterait pas moins la filiation de l'enfant, et, en raison de la prescription de l'art. 762, lui donnerait droit à des aliments[1].

Quelques auteurs ont cherché à établir un compromis entre ces deux opinions extrêmes. Parmi eux, les uns ont enseigné que la reconnaissance ne pouvait être produite en faveur de l'enfant adultérin[2]; les expressions de l'art. 335 indiquent clairement, disent-ils, que la reconnaissance peut toujours être invoquée contre l'enfant, afin, par exemple, de réduire les libéralités qu'il aurait pu recevoir. D'autres donnent aux termes de l'art. 335 un sens tout opposé, et, par conséquent, favorable à l'enfant adultérin. Suivant la doctrine des maîtres les plus célèbres, nous avons cherché dans le choc des systèmes l'opinion qui nous avait semblé concilier le mieux les deux articles, et s'écarter le moins de l'esprit de la loi et des principes juridiques.

Les conditions essentielles à la reconnaissance portent sur trois objets principaux. La capacité du père ou de la mère et leur consentement libre; la capacité de l'officier public chargé de dresser l'acte; enfin la vérité de la déclaration faite.

La capacité juridique nécessaire pour la reconnaissance ne s'estime pas d'après les règles des art. 1123 et 1124. C'est suivant les principes du droit philosophique qu'il faut entendre cette capacité de volonté. Nous avons décidé en conséquence, quelques pages plus haut, que le mineur pouvait reconnaître un enfant naturel, bien que la loi (art. 1124) lui refuse la capacité de passer d'autres actes ou transactions. C'est ainsi encore que le législateur sanctionne la reconnaissance faite, dans ses moments lucides, par un interdit pour cause de fureur ou de démence.

Mais sans un signe qui la manifeste, la capacité de volonté n'est

[1] C. roy. Brux., 29 juillet 1811. Toulouse, 5 mars 1827. C. r. Lyon, 25 mars 1835. C. r. de Paris, 14 décembre 1836. Toullier, II, 967, 969.

[2] La reconnaissance ne pourra avoir lieu au *profit* de l'enfant, art. 335.

qu'une sorte d'abstraction. En conséquence de ce principe, il faut donc enseigner que les personnes privées des organes nécessaires à la manifestation de la volonté ne peuvent reconnaître un enfant naturel. Tel un sourd-muet qui ignorerait le langage télégraphique. Sous une autre rubrique nous examinerons les conditions nécessaires à la validité de l'acte.

L'officier public qui dresse l'acte de reconnaissance doit avoir reçu mission de le rendre authentique. La loi n'a, du reste, indiqué aucune époque, aucun délai à la reconnaissance d'un enfant naturel. On peut donc le reconnaître dans son acte de naissance, comme avant ou après cet acte.

En thèse générale, l'officier public capable de faire un acte authentique est, *ipso facto*, compétent pour dresser un acte de reconnaissance. Les notaires peuvent évidemment instrumenter pour un semblable acte (arg. art. 1er, loi du 25 nivôse an XI). Nul doute qu'un officier de l'état civil ne puisse le recevoir, puisqu'au pouvoir qu'il a de faire des actes authentiques, il joint la circonstance d'être spécialement préposé à la confection des actes de l'état civil. Mais la question n'est pas aussi claire en ce qui concerne la capacité des juges de paix. Beaucoup d'auteurs admettent leur compétence sans restriction[1]. M. Merlin pense que le juge de paix n'est investi de ce pouvoir que lorsqu'il siége en tribunal de conciliation. Mais à bien considérer le pouvoir des juges de paix, on ne tarde pas à s'apercevoir que leur compétence s'étend au delà des bornes posées par M. Merlin. Et d'abord M. Merlin s'appuie sur ce que les juges de paix ne sont pas officiers de l'état civil. Sans doute; mais, répondra-t-on, les notaires n'ont jamais eu ce caractère, et personne ne leur conteste le pouvoir de dresser l'acte authentique de reconnaissance. En second lieu, les juges de paix ont le pouvoir de donner force d'authenticité aux actes de juridiction volontaire : or, la reconnaissance revêt com-

[1] Loiseau, 458. Favard de Langlade, *Recon. d'enf. nat.*, sect. 1re, § 5, art. 2, no 5. Aubry et Rau sur Zachariæ, t. IV, 45. Rouen, 18 février 1809. Dijon, 24 mai 1817.

plétement ce caractère. Le père ou la mère vient, en effet, de son plein gré, sans y être forcé, reconnaître qu'un tel est son enfant naturel. Les partisans de M. Merlin ne nous objecteront pas sans doute que l'art. 54 du Code de procédure ne reconnaît aux actes faits par le juge de paix en bureau de conciliation que la force d'obligation privée à l'égard des parties; puisque le cas de conciliation est le seul où ce jurisconsulte accorde au juge de paix le pouvoir de faire une reconnaissance. Enfin si, à tout prendre, l'on considère la reconnaissance comme un contrat unilatéral, le juge de paix est aussi capable de la certifier authentiquement qu'il le serait pour l'aveu de tout contrat, de toute obligation.

A tous les autres fonctionnaires publics, huissiers, greffiers, employés administratifs, etc., la loi n'a conféré que dans des cas très-limités le pouvoir de dresser des actes authentiques. Hors de ces cas, ils doivent décliner leur compétence, et n'ont aucune mission pour faire un acte de reconnaissance.

La reconnaissance doit enfin être l'expression de la vérité. Nul doute qu'elle pourrait être regardée comme non avenue si le prétendu père se trouvait impubère au moment de la conception, ou si, éloigné de la femme qui se déclare mère, il n'avait pu lier commerce avec elle; si la mère n'était pas accouchée; bref, il est mille circonstances qui, rendant la reconnaissance impossible, détruiraient son existence. C'est au juge à les apprécier.

A côté de ces conditions essentielles à l'existence même de la reconnaissance, il en est d'autres dont l'absence invaliderait l'acte en sa forme. Ainsi, pour qu'une reconnaissance soit efficace, il faut: que le consentement soit libre. La reconnaissance doit être l'expression des sentiments du cœur, l'effet de l'amour paternel. C'est là un principe fondamental dans la matière qui nous occupe. Toute violence, toute manœuvre même qui tendrait à forcer une personne à la reconnaissance d'un enfant naturel, rendrait cet acte radicalement nul et inefficace.

Reste l'appréciation des manœuvres et du degré de violence qui les entache. Voilà l'œuvre du juge. La question s'est agitée cependant de savoir si des poursuites judiciaires suffisaient pour invalider une reconnaissance. La solution de la question dépend entièrement du point de vue historique et du temps où elle est agitée : on doit donc distinguer entre la législation ancienne, où la recherche de paternité était admise sans réserve, et la nôtre, qui offre au père une exception péremptoire à toute recherche de paternité. Abstraction faite des temps et des législations, il semble qu'on ne pourrait considérer des poursuites judiciaires comme des manœuvres de violence. Beaucoup d'auteurs cependant, en raison de l'aide, du secours que la loi prêtait à la recherche de la paternité, beaucoup d'auteurs, dis-je, pensent qu'une reconnaissance obtenue par cette voie était nulle dans l'ancienne législation [1]. Dans l'état des choses actuel, loin de pouvoir constituer une violence, des poursuites judiciaires ne pourraient même être considérées comme une incitation à la reconnaissance [2].

La reconnaissance doit être faite par acte authentique, lorsqu'elle n'a pas été ajoutée à l'acte de naissance de l'enfant naturel (art. 334). L'acte authentique est celui qui a été reçu avec les solennités requises par des officiers publics, ayant le droit d'instrumenter dans le lieu où l'acte a été rédigé (art. 1317). Nous avons énuméré précédemment les officiers qui nous paraissent, d'après la saine interprétation de la loi, avoir mission de rendre authentique une reconnaissance. Resterait la question de savoir qui, de plusieurs officiers de même ordre, serait compétent à recevoir la déclaration. Il nous semble que, d'après les principes établis par la loi dans le titre du domicile, il faut prendre pour base le domicile du père ou de la mère.

[1] Toullier, II, 965. Chabot, *Quest. transitoires*, vº Enfants nat. Merlin, *Rép.*, vº Bâtards. Riom, c. r., 1er août 1809. Grenoble, 5 mars 1810, etc.

[2] Favard, *Reconnais. d'enf. nat.* Delvincourt, 1re part., 228. Duranton, III, 522.

La loi, nous l'avons dit, n'a fixé aucune époque, aucun terme pour la reconnaissance. Le père peut faire cette déclaration en tout temps, avant ou après la naissance de l'enfant[1], en son absence, comme en sa présence et de son consentement. Nous croyons avoir posé nettement la nature de la reconnaissance : ce n'est pas un contrat bilatéral ou synallagmatique ; la reconnaissance est un acte de l'état civil, un contrat unilatéral, de bienfaisance, auquel l'enfant ne pourrait s'opposer. Et l'acte, serait-il passé en sa présence et sans son consentement, il n'en serait pas moins valide, l'enfant se trouvant pleinement garanti par les moyens que la loi lui accorde pour s'opposer aux effets de l'acte de reconnaissance (art. 339). L'acte de reconnaissance doit être inséré dans les registres de l'état civil, d'après les formalités édictées par les art. 40, 41, 42, 43, 45, etc.

L'authenticité est la première, la plus importante des conditions extrinsèques nécessaires à la reconnaissance. Le législateur la prescrit formellement et impérativement. *La reconnaissance sera faite par acte authentique* (art. 334). De ce principe le premier corollaire est d'annuler toute reconnaissance faite par testament olographe, un acte sous seing-privé fait *ad hoc* ou pour d'autres causes. Remarquons cependant que ce n'est pas la forme de l'acte qui en vicie la substance, ce n'est que le défaut d'authenticité qui en arrête l'efficacité. Aussi chacun de ces actes serait-il valable s'il acquérait ce caractère authentique qu'exige l'art. 334. La difficulté réside tout entière dans la nature et l'espèce des conditions requises à cet effet par le législateur.

Des jurisconsultes, et j'ajouterai que c'est le plus grand nombre, considèrent le simple acte de dépôt du titre chez un notaire comme la condition essentielle, suffisante, à l'authenticité du sous seing-privé. A leurs yeux la reconnaissance par testament mystique est pleinement valable ; peu importe que la suscription de l'acte déposé en re-

[1] *Infans conceptus pro nato habetur quoties de suis commodis agitur.*

late ou non la substance. L'authenticité résulte du dépôt, et dès lors toute autre formalité est à leurs yeux inutile, superflue. Sans parler des conséquences graves, des dangers même d'une pareille doctrine, nous repoussons de toutes nos forces ce système dont le premier effet est de violer les dispositions législatives. Pour nous, et ici nous nous rangeons à l'opinion de MM. Aubry et Rau, l'acte de dépôt nous paraît établir authentiquement que l'acte renfermé sous l'enveloppe, a été déposé par telle personne, à une époque certifiée par le notaire. Mais là s'arrête son effet : et la substance de l'acte ne participe nullement de l'authenticité de la suscription. Cela est si vrai qu'un acte sous seing-privé déposé chez un notaire peut être attaqué par la dénégation d'écriture et en général par tous les moyens opposés aux actes sous seing-privé. Toutefois nous nous empressons d'ajouter que si l'acte de suscription renfermait copie littérale ou relation substantielle de la reconnaissance, toutes les conditions imposées par la loi nous sembleraient dès lors accomplies, puisque, outre l'aveu de paternité renfermé dans l'acte, le fait se trouverait encore constaté par un officier public (art. 334).

En général, toutes les formalités de l'acte de reconnaissance doivent prendre à un si haut point le caractère d'authenticité qu'une procuration spéciale émanée du père, et par acte sous seing-privé, serait de nul effet, et ne pourrait servir à l'accomplissement de la reconnaissance. Le père peut sans doute se faire représenter par un fondé de pouvoir; mais ce n'est que par procuration authentique. M. Duranton (t. III, 222) voudrait établir une différence quant aux procurations par les reconnaissances faites devant l'officier civil ou les notaires : nous ne saurions partager son opinion.

La reconnaissance faite par le père ou la mère dans un acte authentique est irrévocable. C'est un titre acquis à l'enfant, de l'aveu de son père ou de sa mère; c'est comme une possession d'état, que nul ne peut contester ni révoquer (art. 322). A ce principe général nous ferons une exception très-importante. Beaucoup d'auteurs sont loin de l'admettre, et de vives contestations n'ont pu encore ramener toutes les opinions à un même sentiment; selon nous, la reconnaissance faite par testament authentique est révoquée par la révocation même du testament qui la contient. Les motifs de penser le contraire sont puissants; nous le savons, et ne les dissimulons pas.

Mais d'abord et à l'appui de notre système, nous dirons, qu'il est de l'essence du testament d'être révocable à l'infini par tout acte postérieur; un testament, avant la mort de son auteur, n'est vraiment que le projet de dispositions futures, sans aucune force virtuelle dans le présent (art. 895). Ensuite le testament est un acte éminemment indivisible: s'il est révoqué dans une de ses parties, aucun des autres ne peut subsister, et l'ensemble doit éprouver le même sort que la disposition révoquée. Ces principes nous semblent incontestables. Mais supposons un cas bien plus grave encore. Supposons que, par l'inobservation de l'une des conditions éditées au titre des donations et testaments pour la validité des testaments, le testament ait été déclaré nul. La nullité ne portera pas sur toutes les parties sans atteindre l'acte de reconnaissance. *Quod nullum est nullum producit effectum.* Ce serait déroger ici à l'adage romain, qui n'est que la voix de la raison, pour laisser subsister, au milieu de la destruction générale, une seule ruine d'un acte qui n'a jamais eu ni force ni valeur aux yeux du législateur.

A ces arguments tirés de l'arsenal des Codes, nous n'ajouterons qu'une réflexion, qui prend sa source dans l'esprit de la loi, et dans le but qu'elle a dû se proposer. Le législateur a voulu, ce semble, favoriser ainsi la reconnaissance des enfants naturels, sans nuire cependant au repos et à l'honneur des familles. Qui ne sait que souvent un père hésite à reconnaître pendant sa vie un malheureux que son cœur de père est loin de repousser, mais que le respect humain, les convenances sociales répudient. Et l'on voudrait fermer aux pères ce dernier moyen de satisfaire des sentiments naturels, en permettant aux enfants de s'armer d'une pareille reconnaissance, rétractée par un second testament, pour forcer un père à les reconnaître; et en réponse d'un bienfait, infliger ainsi à leurs parents une tache, un déshonneur, auxquels, pendant leur vie, ils ont voulu se soustraire.

Concluons donc avec M. Loiseau, que le principe de l'irrévocabilité en matière de donations doit ici fléchir devant la nature bien déterminée du testament et devant des considérations qui sans nul doute ont présidé aux dispositions légales.

La reconnaissance crée entre le parent qui l'a reconnu et l'enfant naturel des liens de parenté étroits, dont la loi a déterminé les effets. Il est superflu d'ajouter que de semblables rapports sont un obstacle dirimant au mariage du père naturel avec sa fille naturelle. La loi, toutefois, dans des vues morales, a restreint la parenté naturelle qu'elle sanctionne. L'enfant naturel, reconnu, n'a pour parent que son père, sa mère, ses frères ou sœurs légitimes. La famille s'arrête là pour lui. Chacun de ces parents se trouve à son égard lié par des rapports plus ou moins intimes, des obligations plus ou moins impérieuses.

Outre les aliments que le Code accorde à tout enfant naturel, et même, dans certains cas, aux enfants adultérins, l'enfant naturel jouit encore de droits de succession que lui réserve le Code (chap. IV, t. Ier, tit. des succ.).

Il a même, à cet égard, sur les biens de son père et sa mère, un droit de réserve aux mêmes titres que les enfants légitimes (arg. art. 913, 914, comb. avec 762, al. 2).

Les effets de la reconnaissance à l'égard du père sont corrélatifs aux droits de l'enfant. Une question a divisé les jurisconsultes sur cet objet. La reconnaissance détruit-elle, à l'égard du père et de la mère, la possibilité d'adopter l'enfant naturel? La question est restée l'objet d'une vive controverse. Dans sa délibération, le conseil d'État, présidé par le premier consul (floréal an X), semble se déterminer franchement pour l'affirmative, et, malgré les arguments de M. Tronchet, admettre l'adoption.

Les considérations tirées de la loi et des principes juridiques, n'ont pas été, ce semble, les seules à dominer cette discussion. Une arrière-pensée politique a certainement influé beaucoup sur la décision des conseillers. Il est même permis de penser que le premier consul élaborait déjà un projet que la mort est venue rompre sous l'empire, et sur lequel il voulait sonder son conseil. C'est dans la crainte de voir son but trop tôt dévoilé, qu'il a défendu l'impression immédiate de ces délibérations.

Quoi qu'il en soit, forts de ces arguments et du silence de la loi, beaucoup d'auteurs se sont franchement décidés pour l'adoption. Malgré cette unanimité des opinions, nous sera-t-il permis d'élever quelques arguments qui font naître en nous une conviction tout opposée? Dans cette réfutation nous aurons du moins M. Chabot pour guide et pour soutien.

L'adoption nous semble une fiction par laquelle une personne donne à un enfant, qui n'est pas le sien, tous les droits d'enfant légitime, et consent à le traiter comme son propre enfant. L'adoption vient donc remplacer ici une paternité qui n'existe pas : il n'y aurait plus d'adoption si la paternité se trouvait déjà établie par d'autres circonstances.

Cette décision nous paraît résulter implicitement du texte de la loi : c'est bien son esprit. Mais veut-on d'autres arguments? Il en est un qui nous semble bien puissant. L'interprétation saine et rationnelle de l'art. 348 fait supposer que si le Code édite : L'enfant adopté restera dans sa famille naturelle et y conservera tous ses droits, c'est que le législateur entendait strictement prohiber l'adoption d'enfants naturels reconnus. Mais voici venir des considérations d'un ordre plus élevé et non moins concluantes. L'art. 908, combiné aux art. 757 et et 761, défend à l'enfant de rien recevoir au delà de la part qui lui est attribuée au titre des successions. Cette prohibition, le législateur semble y attacher une grande importance par la clarté, la précision qu'il apporte dans ces différents articles. Et l'adoption ne serait-elle pas un moyen bien facile et trop souvent employé pour violer ces sages dispositions? Ne craignons pas de le répéter, nous reconnaissons la puissance des arguments employés par les auteurs de l'opinion contraire, et cette question nous semble devoir rester longtemps encore dans un doute fâcheux.

Malgré la solution que nous venons d'établir, nous ne croyons pas cependant que la loi ait voulu resserrer les liens qui unissent l'enfant à son père naturel, au point d'accorder au père la puissance paternelle sur les biens et la personne de cet enfant. La loi, par l'art. 384, semble borner aux seuls enfants légitimes l'étendue de ces droits de puissance; il nous semble donc que le père n'a sur l'enfant reconnu aucun des droits qui en dérivent. Cette décision, nous la puisons dans les œuvres de MM. Roland de Villargues et Toullier; elle est contredite cependant par l'opinion de M. Loiseau.

Nous avons parlé plusieurs fois, dans le cours de ce travail, de la contestation que certaines personnes pouvaient opposer à la reconnaissance. Après avoir établi la nature et les caractères de cet acte, ne semble-t-il pas logique d'examiner les dispositions par lesquelles la loi a voulu garantir tous les intérêts. On n'ignore pas que, même en matière de légitimité, il est des cas où la loi admet certaines preuves contre la filiation; il était bien juste que, dans le même esprit, la loi permît aussi de détruire un acte illégal, une origine mensongère. L'art. 339 y a pourvu. D'après son texte et les intentions bien connues de la loi, on pourra par toute espèce de moyen attaquer la reconnaissance. L'enfant et ses héritiers y seront admis comme les parents à qui un semblable acte aurait échappé, les personnes à qui on voudrait l'imposer, et bref toutes les personnes intéressées. La généralité des termes de l'art. 339 ne permet pas d'exclusion «La « loi n'entend pas cependant faciliter l'usage de ces inquisitions flé- « trissantes dont l'acte lui-même ne contiendrait aucune preuve, aucun « indice. L'objet de la disposition est simple et clair. C'est l'acte lui- « même qu'il s'agira d'attaquer; sa forme, si elle n'est pas authen-

« tique ou si elle est irrégulière, son texte, si le mensonge ou la fraude « l'a dicté[1]. »

Un arrêt de la cour royale de Paris, du 21 décembre 1839, a tranché une question qui n'aurait pas dû en être une; je veux dire qu'il n'est pas besoin de commencement de preuves par écrit. Il n'est pas, en effet, d'assimilation à faire entre la filiation naturelle et la légitime. Pour l'une, il s'agit d'un intérêt majeur, l'ordre social peut être compromis, les liens du mariage relâchés par des contestations de filiation trop faciles. Pour l'autre, les mêmes dangers n'existent pas; la loi a donc dû suspendre une mesure dès lors inutile.

Nous avons rappelé en quelques mots, dans l'introduction, l'état de l'ancienne législation sur la matière de la reconnaissance forcée; nous en avons fait sentir les horribles inconvénients. Il nous serait facile de citer ici mille exemples de procès scandaleux, intentés par des filles perdues, avides, jalouses, ou poussées par les ennemis des malheureux auxquels elles faisaient les honneurs d'une paternité mensongère.

Le Code, en interdisant la recherche de la paternité, coupa court à tous ces procès diffamateurs (art. 340). Le principe, bien que nettement conçu, ne fut pas cependant rédigé primitivement dans le sens que nous y reconnaissons aujourd'hui. La première rédaction permettait d'exiger d'un ravisseur des dommages et intérêts envers la mère, sans pour cela admettre la recherche de paternité. Plus tard, et après des amendements de MM. Cambacérès et Treilhard, on vota l'article dans sa teneur actuelle.

Reste maintenant à interpréter le mot *enlèvement*. La loi a-t-elle entendu parler d'un rapt fait avec violence, ou d'un enlèvement consenti par les deux parties. Ce dernier sens nous semble le véritable. Mais même dans ce cas, le ravisseur ne devient pas de plein droit père de l'enfant; il peut seulement en être reconnu l'auteur.

[1] Paroles de M. Duveyrier, orateur du gouvernement au corps législatif.

Cette définition de l'enlèvement résulte du Code pénal (art. 354). De son esprit résulte aussi que la mise en charte privée suffit pour constituer l'enlèvement, et par conséquent pour donner lieu à l'application de l'art. 340.

Le Code n'exige pas, pour la reconnaissance de paternité, qu'une condamnation soit intervenue contre le ravisseur. La preuve de l'enlèvement est seule nécessaire et doit être fournie par celui qui demande la reconnaissance. De plus, il nous semble que l'âge de majorité de la victime ôte à l'enlèvement tout son caractère : puisque le Code civil, en ne définissant pas l'enlèvement, s'en rapportait au Code pénal, et que celui-ci n'inculpe que l'enlèvement de mineur.

DE LA LÉGITIMATION.

I. DÉFINITION.

La légitimation, selon Proud'hon, est une fiction attachée par la loi au seul mariage du père et de la mère naturels, qui efface le vice de la naissance de leurs enfants conçus avant ce mariage, et leur donne le rang et les prérogatives d'enfants légitimes. Nous adoptons cette définition, qui nous semble claire, simple, complète. D'autres auteurs en ont admis diverses autres; mais, à les bien considérer, elles ne diffèrent pas de la nôtre, ou n'en diffèrent que par la teneur. M. Toullier a cependant critiqué, avec amertume peut-être, l'opinion qui considère la légitimation comme une fiction légale. Ce mot de fiction lui semble trahir l'impuissance de la loi : « La loi, dit-il, « ne feint rien, elle commande, elle ordonne, elle est toute-puis- « sante. » Avec M. Toullier nous nous inclinons devant l'omnipotence de la loi; nous la trouvons cependant plus sage, plus morale, plus généreuse, de déposer un instant son autorité et d'user de fiction, pour couvrir la faute d'une fille qui le plus souvent n'est devenue mère que sur la foi d'une promesse de mariage.

II. ESPÈCES ET SOURCES DE LA LÉGITIMATION.

Nous l'avons vu dans notre aperçu historique, autrefois dans notre vieux Droit français la légitimation tirait son origine de deux sources distinctes : le mariage des parents; la volonté, la permission du prince. A la différence de notre ancienne législation, le Code civil ne mentionne qu'une sorte de légitimation, celle par mariage subséquent ; c'est donc la seule admise, la seule en vigueur aujourd'hui (arg. art. dern. de la loi du 30 ventôse an XII).

La légitimation, on ne saurait trop le répéter, est un bénéfice, si nous étions à Rome, nous dirions un privilége favorable accordé à des enfants que leur naissance exceptionnelle a mis en dehors des conditions légales et que la loi tend à faire rentrer dans le sein de la morale. Aussi a-t-elle dû chercher, par des expressions nettes, précises, d'éviter les désordres, les troubles que cette mesure, bonne en elle-même, n'eût pas manqué de produire. Mais malgré ses efforts, sa clarté, le législateur n'a pu cependant parer à toutes les difficultés dont la matière était hérissée sous l'ancienne jurisprudence : ces problèmes, nous chercherons à les résoudre ou nous les indiquerons au moins, quand ils se présenteront à nous in *decursu materiæ*.

III. CONDITIONS ESSENTIELLES OU NÉCESSAIRES A LA LÉGITIMATION.

A. *Quelle espèce de mariage produit la légitimation.*

Nous rapporterons à trois rubriques principales les conditions exigées par la loi pour la légitimation. Et d'abord quels sont les caractères que le mariage doit revêtir pour produire la légitimation ?

2° Puis, toute personne peut-elle légitimer ?

3° Tout enfant peut-il être légitime ?

La légitimation, nous l'avons dit, est un effet attaché au mariage subséquent du père et de la mère. Ce mariage doit réunir aux caractères de capacité, de consentement, de célébration nécessaires à son existence, toutes les qualités qui le rendent civilement valable et efficace : je veux dire la non-existence d'empêchement dirimant ou de nullité radicale. Ainsi, il ne suffit pas pour légitimer des bâtards, que le mariage soit valable, il faut encore qu'il produise des effets civils. C'est un principe dont nous tirerons plus tard les conséquences.

Mais dès l'abord, nous rencontrons sur notre route des difficultés diversement résolues par les auteurs et la jurisprudence. Un mariage putatif saurait-il produire la légitimation ? Divers systèmes ont été publiés à cet égard. Une bonne définition du mariage putatif eût dû, ce semble, ramener toutes les opinions et donner la vraie solution du problème. Le mariage putatif est un mariage nul en lui-même et sans effet, mais auquel la loi, en considération de la bonne foi de l'un des époux et même de tous deux, a attaché quelque efficacité : c'est entre autres la légitimité des enfants nés de cette union. La validité de ce mariage déroge donc aux principes ; c'est une exception qui doit être interprétée *strictissimo sensu.* Or dans ces dispositions, la loi ne fait nulle mention des enfants naturels qui seraient légitimés par un tel mariage. Il me semble qu'en présence de cette réserve, on ne saurait conclure à leur légitimation. Cet avis est loin d'être unanimement adopté par les jurisconsultes. MM. Delvincourt et Duranton professent que le mariage putatif est, comme celui qui a été valablement contracté, apte à produire la légitimation. Ces jurisconsultes n'aperçoivent pas sans doute que c'est en vue seulement de la bonne foi des époux que la loi accorde cet effet au mariage putatif, et qu'elle l'eût fait pour les enfants naturels s'il y eut bonne foi de la part des parents au moment de leur naissance. Mais il n'y a jamais de bonne foi dans le concubinage.

A la validité légale, le mariage doit joindre l'efficacité civile. Il s'était élevé, autrefois, une question fort grave, celle de savoir si un mariage *in extremis* avait l'efficace de conférer la légitimation. La question fut pendante jusqu'en 1639, bien que les opinions fussent à peu près fixées pour l'affirmative[1]. (Arr. du parl., Paris, 20 mars 1599, 13 mai 1633, 4 mars 1636, 9 août 1639). Survint l'édit de 1639, et plus tard celui de 1697 qui refusait au mariage *in extremis* toute espèce d'effet civil. La question ne pouvait plus dès lors être douteuse.

Plusieurs arrêts des parlements de Bordeaux, de Paris, de Toulouse ont fixé la jurisprudence sur ce point[2].

Le Code civil n'a pas renouvelé les dispositions de ces deux édits, et les a par conséquent abrogées (art. dern., loi du 30 ventôse an XII). Les mariages *in extremis* ont aujourd'hui toute l'efficacité d'un mariage ordinaire, et peuvent valablement légitimer les enfants naturels. On n'en saurait douter à la lecture des paroles de M. Portalis, dans la séance du corps législatif du 16 ventôse an XI[3], et en présence du refus opposé par le conseil d'État à l'acceptation de l'article de la commission qui prohibait formellement la légitimation.

Ainsi, et pour nous résumer, la première et la plus essentielle des conditions exigées pour la légitimation, est un mariage valable et efficace.

[1] Benedict. de Wesel, Voët, etc., partageaient cette opinion. Voy. p. 4 *bis*.

[2] Arrêt du parlement de Rouen, 28 mars 1651 ; 5 décembre 1669. Arrêt du parlement de Paris, 7 avril 1650; 22 décembre 1672. Arrêt du parlement de Toulouse, 5 décembre 1708.

[3] « L'équité comporte-t-elle que l'on comdamne au désespoir un père mourant dont le « cœur, déchiré par les remords, voudrait, en quittant la vie, assurer l'état d'une com- « pagne qui ne l'a jamais abandonné et celui d'une postérité innocente dont il prévoit « la misère et le malheur ? Pourquoi des enfants qui ont fixé sa tendresse, pourquoi une « compagne qui a mérité sa reconnaissance ne pourraient-ils pas, avant de recueillir son « dernier soupir, faire un appel à sa justice? Pourquoi la loi le forcerait-il à être in- « flexible dans le moment où lui-même a besoin de faire un appel à la miséricorde ? En « contemplant la triste situation de ce père, on se dit que la loi ne doit ni ne peut aussi « cruellement étouffer la nature. »

B. *Des conditions nécessaires à la personne qui veut légitimer.*

Le mariage doit, en outre, être précédé ou accompagné de l'acte authentique de reconnaissance des enfants naturels que l'on prétend légitimer[1] (art. 331). Ainsi, outre la capacité nécessaire pour contracter mariage, les parents doivent jouir de la capacité de reconnaissance. Dans la majorité des cas, cette disposition n'éprouve en pratique aucune difficulté sérieuse; car dans la première partie nous avons indiqué que toute personne peut reconnaître un enfant naturel, pourvu qu'elle soit capable d'engendrer, et de manifester sa volonté.

Il est cependant un concours de circonstances qui a provoqué sur la matière une question fort importante. Une personne peut-elle, par un mariage subséquent, légitimer des enfants procréés dans les liens du sacerdoce? Nous avons établi précédemment la capacité du prêtre à reconnaître un enfant naturel. Ainsi, à la bien considérer, la question se réduit à celle-ci : un prêtre peut-il se marier? Dans l'ancien Droit, l'unanimité des opinions défendait à un prêtre de se marier : il ne pouvait, à plus forte raison, légitimer des enfants conçus dans le concubinage. La législation intermédiaire, par un esprit de réaction peut-être trop hardi, ne s'était pas bornée à permettre le mariage des prêtres, elle sanctionnait des peines contre les personnes qui empêcheraient le prêtre de se marier. Le Code civil, dans sa prudence, ne considère pas le caractère de prêtre comme un empêchement dirimant au mariage : Sans les rendre nuls civilement, le code se borne à ne pas les encourager.

La jurisprudence n'a pas toujours été unanime à décider cette question pour l'affirmative. Aux tendances de l'époque se joignaient en-

[1] Arrêt de Douai, 15 mai 1816. Cependant des arrêts de la cour de cassation, 26 avril 1824 et 22 janvier 1839, il semble résulter que si la mère a été indiquée dans l'acte de naissance et que si, avant ou pendant le mariage, elle confirme cet acte, une pareille confirmation vaut légitimation de sa part.

core mille circonstances qui, dans la cause, devaient influer beaucoup sur la décision des juges. Sous l'Empire, les tribunaux, tout en recommandant le célibat des prêtres, n'hésitaient cependant pas à déclarer valable le mariage de l'ecclésiastique[1].

Plus tard, durant la restauration, on sembla chercher cet accord entre la législation et la morale, tant désiré par M. de Fraysinous dans son discours du 25 mai 1826 (chambre des députés). Faute d'y parvenir, on décidait contre la loi pour la morale. Les développements ne manqueraient pas à une aussi belle matière; nous regrettons de ne pouvoir les donner tous ici; mais, outre que de semblables recherches nuiraient à l'unité de notre travail, nous croyons avoir suffisamment établi que le mariage contracté par un ecclésiastique est valable civilement et légalement. On n'aura donc pas de peine à tirer de ce principe les conséquences 1° que ce mariage doit produire tous les effets de celui qui a été contracté par des laïques; 2° qu'il légitime les enfants nés hors de ces liens.

C. *Quels enfants peuvent être légitimés.*

Nous sommes arrivés à la troisième partie de notre division : elle renferme, au milieu de questions épineuses, un principe bien établi. L'art. 331 combiné avec l'art. 336 dispose nettement que les enfants naturels proprement dits sont seuls capables d'être reconnus, et, par conséquent, d'être légitimés, à l'exclusion expresse des enfants adultérins ou incestueux. On pressent déjà quelles difficultés vont soulever certaines circonstances où la distinction entre l'enfant naturel et l'enfant incestueux ou adultérin sera des plus subtiles. Je n'en veux qu'un exemple. L'enfant naturel conçu pendant le mariage de l'un de ses parents, et né après sa dissolution, est-il réputé adultérin? L'enfant né d'un mariage conclu de bonne foi entre per-

[1] C. roy. de Bourges, 15 mars 1809. C. c. conf., 12 janv. 1812. Trib. de Nancy, 22 avril 1828. Trib. de Cambrai, 7 mai 1828.

sonnes, parents au degré prohibé, sera-t-il incestueux, et ne pourra-t-il être légitimé, malgré le privilége que la loi accorde à ce mariage putatif? Toutes ces questions dépendent de la définition que l'on donnera des enfants adultérins et incestueux. Nous en avons dit quelques mots dans notre Essai sur la reconnaissance; nous nous y référons entièrement, les croyant suffisants à l'intelligence de la matière.

Une difficulté cependant, d'une date plus nouvelle, se présente, et nous semble devoir occuper une place importante dans ce travail sur la légitimation. Avant la loi de 1832, les mariages entre beaux-frères et belles-sœurs étaient complétement prohibés; les enfants nés du commerce de deux de ces parents étaient donc irrévocablement incestueux. Mais la loi de 1832 n'a-t-elle pas changé l'état de la question, et les enfants nés du commerce d'un beau-frère et d'une belle-sœur peuvent-ils être légitimés, ou restent-ils incestueux? Voici les raisons qui nous décident contre la légitimation de semblables enfants. C'est en présumant dans l'esprit des parents l'intention de s'unir plus tard par des liens indissolubles, que la loi accorde, par une sorte de rétroactivité, la légitimation aux fruits du concubinage. Mais, pour que cette intention puisse naître dans l'esprit des parents, et qu'elle ait quelque crédit aux yeux du législateur, il faut tout au moins que le mariage soit possible, et ne dépende que de la volonté du père et de la mère. Or, pour les beaux-frères et belles-sœurs, le mariage ne résulte pas seulement d'un acte de volonté personnelle, il leur faut encore une autorisation que le roi peut refuser. La loi ne leur donne aucun moyen de l'exiger. Ils restent donc dans un doute qui, à nos yeux, aurait dû les retenir dans leur commerce. La loi nous semble dès lors devoir priver les enfants de la légitimation pour les laisser à toujours incestueux[1].

[1] C. roy. d'Orléans, 1835. Contre : Merlin, Proudhon, Delvincourt, Chabot (de l'Allier).

Des effets de la légitimation.

Les principes que nous avons posés dans le courant de notre travail renferment, sous forme de conséquence, les effets les plus importants de la légitimation. Nous l'avons définie une fiction attachée par la loi au seul mariage du père et de la mère, qui efface le vice de la naissance des enfants naturels, et leur donne le rang d'enfants légitimes. Les enfants jouissent de ce droit et de ce rang, du jour de leur légitimation. Cet acte n'a pas d'effet rétroactif. Car le mariage peut bien faire disparaître pour l'avenir la tache de la naissance, à l'instant où les parents rentrent dans l'ordre moral; mais elle ne saurait réagir par de là ce temps. Telle est l'opinion de Toullier (art. 930). M. Duveyrier, rapporteur au corps législatif, disait le 2 germinal an XI : « La légitimation ne remonte pas à la naissance de l'enfant, elle « ne peut opérer que du moment où elle existe, et elle n'existe que « par le mariage » (Cour de cass., 11 mars 1811).

Le principe de la non-rétroactivité semblait bien établi. Cependant, dès avant le Code civil, et sous le droit coutumier, les jurisconsultes débattaient une question fort grave, à laquelle ils donnaient des solutions fort diverses, et peut-être appuyées toutes sur d'aussi bonnes raisons. L'hypothèse discutée avait autrefois, sur la transmission des fiefs, des terres de franc-aleu, une fort grande influence. Aujourd'hui elle ne saurait trouver que de fort rares applications. Un enfant naturel légitimé par un second mariage, est-il l'aîné des enfants légitimes du mariage survenu entre sa naissance et sa légitimation? Le principe de la non-rétroactivité nous semble si puissant, qu'il nous décide dans cette question pour la négative. A le bien considérer, on peut dire que l'enfant naturel ne naît à la famille de son père qu'au moment de la légitimation. De plus, et en thèse générale, l'enfant légitimé n'est considéré que comme l'aîné de ceux qui sont issus du mariage qui lui donne ce nouvel état. Or, ne serait-il pas absurde que les enfants du second lit fussent les aînés de ceux du premier?

Voici quelques autres effets qui découlent du même principe. L'enfant légitimé n'a pas de droit à la succession des parents morts avant leur légitimation, quand même il serait conçu de leur vivant, puisque nous avons établi que l'enfant naturel ne naît à la famille qu'au moment où le mariage qui le légitime est consommé.

L'enfant légitimé a les mêmes droits que les enfants légitimes; il fait donc nombre pour régler la quotité disponible.

En conséquence du même principe, l'enfant légitimé fait, par cet acte même, rescinder toutes les donations passées avant cet acte (art. 333, comb. 960).

Nous avons essayé de déterminer avec clarté les principaux linéaments de la matière. Souvent, il est vrai, nous nous sommes vu forcé par l'étendue des questions de n'en tracer que les contours, d'en indiquer seulement la solution, prévoyant bien que des développements plus étendus nous entraîneraient loin de notre sujet, et nuiraient peut-être à la clarté et à la méthode, avantage si précieux en jurisprudence.

JUS ROMANUM.

DE LEGITIMATIONE.

I. In jure romano, quantum ad liberos spectat, hæc est summa divisio magnique momenti: aut legitimi sunt liberi, aut illegitimi. Legitimi sunt, qui ex justis nuptiis suscepti, justoque tempore nati, patrem habent (Inst., L. I, t. X, § 12). Patrem enim habere non dicitur is qui tantummodo ab alio accepit vitam, siquidem hoc sensu spurii ipsi patre destituti non sint; sed is qui sub patris potestate est. Et quamvis paternitatis præsumptio non sit juris et de jure, filius tamen legitimus natura et lege patri subjicitur: natura, quoad reverentiam et obedientiam; lege, quoad caput, statumque personæ. Legitimitatis igitur causa et principium est matrimonium.

II. *De liberorum naturalium variis generibus*[1]. Liberorum naturalium varia in legibus signata nomina reperimus. Alii nimirum sunt naturales, alii vulgo quæsiti, alii ex damnato coitu nati, ad quos pertinent adulterini et incestuosi. Naturales liberi hi sunt, qui ex justis nuptiis non procreati, tamen ex duabus personis inter quas matrimonium existere poterat, nati sunt. Erat autem concubina fœmina vilioris plerumque conditionis, obscuro loco nata, vel publice notata, vel quæstuaria. Liberos quoque naturales, lex, populique æstimatio leviter notabat[2].

[1] Frequenter tamen naturalis dicitur filius legitimus prout adoptivis opponitur.

[2] Makeldey, *Handbuch des rœmischen Rechtes*, 209. — Ulp., XIII, XVI, 2. — § 41, § 5, D. 25, 2. — Const., 27, C. 5, 28.

Spurii (a voce græca σπορὰ), seu vulgo quæsiti, patrem non habebant (D. § 23, de statu hominum). Spurius accipitur 1° pro eo qui non justis nuptiis vel ex concubinatu nascitur; 2° pro eo qui ex iis parentibus nascitur, inter quos, tempore conceptionis, supervenire non poterat matrimonium; ut pote qui ex ancillâ natus est (L. Divi., § 25, de captis et postlim. reversis), vel ex impudicâ meretrice, quæ publicè corpus suum prostituit libidini (D. § 23, de statu hominum).

E damnato coïtu nati dicuntur qui ex adulterio, incestove concepti fuerunt. Cum autem multis incommodis spurii et illegitimi, ex legum dispositioni obnoxii sint, honorum enim, dignitatum in omni genere incapaces, ut legimus in L. 2, C. de Dign. « Neque « famosis aut notatis quos scelus aut vitæ turpitudo inquinat, quos « infamia ab honestorum cœtu segregat, dignitatis pater patebant. » Cumque propter infelicem conditionem, nati domo et familiâ careant, aliâve causâ incitus esset legislator, patri nempe ut desiderandam præstaret in filium potestatem, legitimationem invenit quâ illegitimus patri subjicitur, et a patre agnitus ad omnia legis beneficia habilis evadit.

Definitio.

III. Legitimationem itaque opinamur, unum esse inter modos patriam potestatem acquirendi, et actum quo illegitimi finguntur e justo matrimonio nati et quo omnibus legitimorum beneficiis fruuntur.

Ut autem omnia rectè atque ordine tradantur, præmittenda sunt generalia, id est, principia quæ cuivis legitimationi sunt communia, et dehinc subjicienda legitimationis genera, per quæ, veluti per partes, faciliùs et feliciùs in totius cognitionem adducemur.

Origo.

Legitimationis præcipua origo est jus civile; et imprimis Imperatorum Constantini Magni, Zenonis et Justiniani constitutiones (L. 5 et seq. C. de nat. liberis. Nov. 74—89).

Qui legitimare possunt.

Quæritur primum quæ sint personæ legitimandi facultate et potestate pollentes. Quas ad genera duo reducere possumus, patrem nempè et principem. Penes principem verò, si mentem et sententiam nonnullorum juris peritorum sequimur, penès principem tantùm et unicè residet facultas extrà legitimas nuptias natos legitimandi, et privilegium illud ex gratiâ clementiâque concedendi (D. L. 57, § 1. De ritu nuptiarum. Nov. 74, c. ult. Nov. 89, c. 9).

Legitimandi sunt liberi naturales tantum, id est, suscepti ex concubinâti, quam, tempore conceptionis, pater uxorem ducere poterat (Nov. 89, c. 9. Nov. 74, c. 3). Non ii autem qui e scroto nati sunt, multo minus e nefario coïtu, adulterio putà vel incesto (Nov. 74, cap. ult. Nov. 89, cap. ult.).

Quæritur quoque an liberi naturales volentes et consentientes, an verò inviti legitimari possunt? Juris civilis sententia haud dubio consentanea est. « Generaliter autem in omnibus modis, qui per « prædictos modos deducuntur ad legitimum jus, id voluimus obti- « nere dùm et filii hoc ratum habuerint. Nam si solvere jus patriæ « potestatis invitis filiis non est permissum patribus, multo magis « prohibitum sub potestate redigere invitum filium et nolentem, « etc. » (Nov. 89., c. 11).

Legitimationis varia genera.

Formas autem legitimationis ad summa genera duo revocamus. Sunt enim vel antiqui juris vel recentioris, et adhuc favorem obtinent.

Antiquè vero perfectam non possidebant legitimationem. Omnes legis dispositiones ad adoptionem magis quam ad legitimationem spectabant: qualis legitimatio per nominationem filii, quando pater, trium testium fide, in testamento publico privatove, liberum[1] naturalem, quem cum concubinâ procreaverat, simpliciter filium vocabat, determinatione naturalis prætermissa. Quod autem nec filio tantum, ut haberetur pro legitimo, proderat, sed et matri ejus afferebat utilitatem, ut legitima patris uxor fuisse censeretur.

Legitimatio per arrogationem.

Aliud legitimationis genus, quamvis recentius editum, non sine ratione sustulit Justinus, approbante Justiniano, nempe legitimationem per arrogationem ab Anastasio imperatore adinventam; ut, nullâ e justis nuptiis extante progenie, naturales liberi arrogarentur. « Convenire enim, ut ait Donellus (J. civ., l. 2, c. 21) videbatur hæc « ratio juri communi de arrogatione recepta. Nam sunt liberi natu- « rales sui juris, qui autem sui juris sunt; jure publico arrogari posse » (L. 7, C. de nat. lib. Nov. 74, c. 3).

Legitimatio per oblationem curiæ.

Legitimatio denique fiebat per oblationem curiæ. De quâ Auth. si quis. C. de lib. nat. Nov. 89, c. 2. A Theodosio reperta, a Leone confirmata (L. quoniam C. de nat. liber.) explicatur a Justiniano (N. 8, 9, c. 2). « Jus est patri naturali filium naturalem tradere cu- « riæ et civitati unde originem habet, vel suæ civitati quæ principatum « tenet totius provinciæ, ut recipiatur filius inter curiales civitatis » (Hug. Don., c. 21. Lib. 2, de jure civili). Quod autem evenit, cum omnes adeo abhorrerent a Decurionum munere, ut jam Trajani principis tempore, multi fierent inviti decuriones, et sæpe Christiani pœnæ loco, curiis addicerentur (Barn. Briss. Aut. VII, 18). Privilegio alliciendi videbantur ad id munus eo lubentius suscipiendum (Heinec.

[1] Auth. — Si quis. Cod. de nat. liberis. Novel. 117, c. 2.

Ant. Rom.); et non solum filios sed etiam patres pellicere sperabant Imperatores. Hi enim filios in potestatem redigebant, et illam desideratam patris potentiam acquirebant. Filiæ autem curiis offerri nec solent nec possunt, utpote muneris publici incapaces. Sancitum tamen ab Imperatore constat, filias a patre curialibus conjungi posse, et illas evadere legitimas. Sed hic legitimandi modus, mutata reipublicæ formâ, exolevit. Hæc de abolitis legitimandi generibus.

Duo itidem sunt modi hadie adhuc fidem obtinentes : legitimatio per matrimonium subsequens (§ ult. Inst. nup. nov. 89, c. 9), et legitimatio per rescriptum principis (nov. 89, c. 9). Priorem a Constantino magno repertam, constitutione Zeno Imp. renovavit, ex parte tantum ; qui enim in concubinatu suscepti erant, legitimi indè facti sunt, non verò qui post tempus illud è concubinatu nati.

Legitimantur per subsequens matrimonium filii naturales, quando pater materque cum quâ consuetudinem habuit, licet libera sit et honesta, compositis dotalibus instrumentis, matrimonium contrahunt (Inst. L. 1, t. X, § 13. C. de nat. lib. Nov. 12, c. 4. Nov. 74. Nov. 89, c. 8. Nov. 117). Liberi quoque, concubinatu in matrimonium converso legitimi efficiuntur et in patris cadunt potestatem.

Legitimationem plerumque patri magis quam filio prodesse, et in utilitatem illius potiusquam hujus repertam demonstravimus. Hoc autem legitimationis genus utrique longe est utiliùs, per quod scilicet antecedens macula purgatur.

Porro videndum quænam ad hanc legitimationem requirantur : 1° ex parte patris requiritur ut legitimam non habeat uxorem ; impossibile enim virum justis nuptiis cum duabus mulieribus junctum esse videtur, et legitimis illum carere liberis oportet (C. nat. lib. L. Jubeam); 2° ex parte concubinæ requiritur ut sit libera ; libertave an ingenua sit, nil refert. Novissimo jure nil interest etiam an ancilla sit, beneficio manumissionis, cum et manumitti uxor que sic fieri possit. Illud autem magni momenti filiis patrique est, quod matrimonium jure ritèque contractum sit. Sponsalia enim cum concubinâ non sufficiunt: quippe quæ matrimonium non sunt, sed illud præcedunt. Ut legitimationis efficaces fructus evadant, a jure civili requiruntur dotalia instrumenta (C. de nat. lib. L. cum quis Nov. 18., c. 12. Nov. 74 in princ. Nov. 89., c. 8). Jurisperiti non omnes in hoc conveniunt. Nonnulli enimvero, matrimonium, et si omissis dotalibus instrumentis, ritè et legitimè confectum existimant.

Frequenter tamen, concubinâ sive mortuâ, sive connubio indignâ, hæc legitimatio fieri non potest. Aliud igitur legitimationis genus lex paternæ affectioni præbuit, legitimationem nempè per rescriptum principis.

Legitimatio per rescriptum principis.

Legitimatur filius per rescriptum principis, quando, patre instanter rogante, princeps filio illegitimo, legitimi jura tribuit, et ad successionis emolumenta familiæque gradus et honores habilem decrevit. Cæterum autem legitimationem in *Reservatis principi* numerari bene notandum est (Nov. 89., c. 9. L. 3. D. 40. 11).

Principi enim, auctoritatem detinenti, adjuvare licet illis, quos delictum alienum gravat. Quapropter in hac legitimatione vident singulare donum principis. Exerceri non potest, nisi a principe, vel comite palatino, cum concessionem obtinuit. Ad validitatem hujus legitimationis tria requiruntur conjunctim : 1° nimirum ut concubina uxorem duci nequeat, vel mortua sit ; 2° ut non alii supersint liberi legitimi; tandem et 3° ut filius vel pater principem per libellum supplicè roget et interpellet de legitimatione ; patreve mortuo, testamentum filius præbeat, quo genitorem pateat illum legitimare desiderasse.

A priori legitimatione differt hic modus: quia, etiam extantibus legitimis liberis, naturales legitimari possunt; posteriori autem genere, id est per rescriptum principis, legitimationem liberi legitimi impediunt. Princeps vero non solum naturales propriè sic dictos, sed et spurios, nefariève natos legitimare potest.

Legitimationis effectus.

Supra exposuimus quinque fuisse legitimationis species, e quibus duæ tantum hodiernum usum obtinent : nempè legitimatio per subsequens matrimonium et legitimatio per rescriptum principis. De illorum vero effectibus, et de consequentiis quas pariunt, aliquid addere nobis oportere videtur. Antiquè legitimatio *per nominationem filii :* 1° filium efficiebat legitimum et patris auctoritati justè ritèque subjectum ; 2° matri quoque proderat ut legitima patris uxor censeretur (Auth. si quis. C. de nat. lib. Nov. 117, c. 2. Cujas, ad h. novel.).

Per arrogationem filii, liberi fiebant quoque legitimi (L. Jub. C. de nat. liberis. Nov. 74). Effectus similes legitimationi per oblationem curiæ attributi fuerunt, legitimati verò et decuriones nominari poterant (L. quoniam. Quod. de nat. lib. Nov. 89, c. 2, 3, 4).

Legitimatio, hodiè favorem obtinens, per subsequens matrimonium, tres producebat effectus : 1° Legitimo æquiparatur legitimatus, et ad omnes legitimitatis effectus habilis evadit (Nov. 12, c. 4. Nov. 18, c. 11. Nov. 89, c. 8). Retrotrahitur subsequens matrimonium ad tempus nativitatis et perindè habetur ac si contractum fuisset anteà. 2° Ex his egregiè legitimatus patris heres et familiæ agnatus deducitur (Inst. de hered. qual. Diff. § 1. L. Divi. c. de nat. lib. Nov. 89, c. 8. Nov. 74, c. 2).

DROIT ADMINISTRATIF.

DES ARRÊTS DU PRÉFET EN CONSEIL DE PRÉFECTURE.

Les conseils de préfecture sont des tribunaux exceptionnels, de première instance, appelés à décider les différends survenus entre des particuliers et l'administration, à propos de matières administratives. Leur création est l'œuvre du législateur de 1790.

On a souvent répété qu'avant la révolution, la juridiction administrative volontaire et contentieuse était réunie dans la même main, exercée par la même personne. Cette assertion semble inexacte. Comme notre époque, l'ancien régime avait ses administrateurs actifs, il avait aussi ses juges, qui, en matière d'administration contentieuse, exerçaient une autorité distincte. Mais les parlements s'étaient arrogé, avec les conseils du roi, la haute main sur les jugements de l'administration. De là naquirent des abus souvent répétés, des excès de pouvoir intolérables. La Constituante apercevait dans la création des conseils de préfecture de nombreux avantages. Garantir aux parties une justice impartiale; donner à la propriété des juges intègres, expérimentés; à l'intérêt public une protection nécessaire contre les intrigues de l'intérêt privé : tel a été le but de la loi de 1790; mais, avouons-le, son œuvre s'est ressentie de la précipitation du moment, et de l'imperfection humaine[1].

[1] Rapport de la loi de pluviôse an VIII.

Les conseils de préfecture, composés de membres amovibles, nommés par le roi, sont présidés par le préfet, qui a voix prépondérante en cas de partage[1]. Au préfet appartient aussi l'initiative de la convocation du conseil; à lui, le droit d'introduire les différends soit au nom des particuliers, soit au nom de l'administration.

Les conseils de préfecture sont des tribunaux d'exception, et doivent se renfermer étroitement dans les limites que leur a tracées le législateur. Les juges se déclareront incompétents, toutes les fois que les procès sortiront du cercle de leurs attributions.

Quant à la compétence du conseil, elle est double; c'est-à-dire qu'elle peut porter sur des questions de finances, le dégrèvement des impôts, l'apurement de comptes des communes, soit sur des matières d'administration pure; tels sont les différends qui intéresseraient la grande voirie, les difficultés qui s'élèveraient entre les entrepreneurs et l'administration, ou bien encore sur les indemnités allouées aux particuliers pour l'expropriation forcée d'immeubles. Il est encore de la compétence du conseil d'autoriser une commune à ester en justice et à plaider.

Dans tous ces cas le préfet statue en conseil de préfecture.

On ne possède ni loi, ni règlement qui détermine la procédure à suivre devant ces conseils; pour nous guider nous n'avons guère que des usages. Ainsi les parties sont généralement admises à suivre elles-mêmes l'affaire dans le conseil; elles peuvent fournir des consultations signées de jurisconsultes; d'autre part, le conseil peut ordonner la présentation des pièces ou des documents qu'il jugera nécessaires à l'instruction de l'affaire.

Les décisions rendues par le conseil, sous la présidence du préfet, prennent le nom d'*arrêtés*. A côté de ces réponses positives sur des questions litigieuses, le conseil est souvent admis à donner des avis

[1] 28 pluviôse an VIII, 2, art. 5.

qui peuvent éclairer l'administration active. Le préfet peut s'astreindre à les suivre ou ne pas en tenir compte.

Le conseil ne connaît pas l'exécution de ses arrêtés, cette charge est confiée à l'administration du préfet. Il ne peut cependant faire valoir ces arrêts qu'après les avoir signifiés à la partie par le ministère d'un huissier[1].

Un arrêt du conseil d'État du 9 janvier 1828 permet de former opposition à un arrêté, lorsque la partie n'a pas été présente à la délibération. Il admet aussi la tierce-opposition quand les intérêts d'un particulier sont lésés par l'arrêté, même définitif.

L'appel de tous les arrêtés du préfet en conseil de préfecture ressortit au conseil d'État, qui connaît des irrégularités de formes, comme des erreurs de fond. L'appel peut être interjeté, soit par l'administration supérieure, lorsque les arrêtés lèsent les intérêts de l'État, soit par des particuliers pour mal jugé, excès de pouvoir, incompétence, etc.

Les préfets ont aussi, dans certains cas[2], le droit de juger seuls, et de prendre des arrêtés, mais ils n'en réfèrent pas au conseil de préfecture.

[1] Arrêt du conseil, 17 avril 1812.

[2] Ces cas ne sont déterminés par aucune loi; ils résultent de règlements, d'ordres ministériels, etc.

FIN.

www.ingramcontent.com/pod-product-compliance
Ingram Content Group UK Ltd.
Pitfield, Milton Keynes, MK11 3LW, UK
UKHW020452230726
13925UKWH00005B/1878

9 782014 035254